Mosaik

CALVADOS
— en vogue —

von Holger Hofmann
mit Illustrationen von
Josse Goffin

Mosaik Verlag

Der Mosaik Verlag ist ein Unternehmen
der Verlagsgruppe Bertelsmann

© 1989 Mosaik Verlag GmbH, München / 5 4 3 2 1
Einbandgestaltung und Artdirektion:
Noëlle Thieux
Satz: Filmsatz Schröter GmbH, München
Reproduktionen: Arti Litho, Trento
Druck und Bindung:
Richterdruck, Würzburg
Printed in Germany · ISBN 3-570-03077-6

INHALT

KLEINE LIEBESERKLÄRUNG

Für die Bewohner von Paris haben die Badeorte in der Normandie etwa die gleiche Bedeutung wie der Ostseestrand für den durchschnittlichen Hamburger. Die regional hohe Bedeutung sagt nichts darüber aus, was Ausländer von dem jeweiligen Gebiet wissen. So hatte auch ich von der Normandie nur eine recht nebulöse Vorstellung. Vorwiegend waren es historische Ereignisse, die sich mit dem Namen verbanden: Sprungbrett für die Eroberung Englands, Zankapfel über englisch-französische Erbschaftsansprüche, Brückenkopf der alliierten Invasion im letzten Krieg und Heimat von Camembert und Calvados. Selbst das touristische Weltwunder Mont-Saint-Michel verband sich in meiner Vorstellung lediglich mit der Atlantikküste, nicht aber mit der Normandie. Erst jetzt realisierte ich, daß es sich hierbei um den westlichen Eckpfeiler dieser Landschaft handelt. Auch wenn ich wußte, daß die berühmte Tapisserie von Bayeux zu dem höchsten Kulturgut der Normandie gehört, so hatte ich doch ein völlig falsches Bild von der Landschaft und ihren Bewohnern.

Wahrscheinlich ist es die Grünfärbung in den Atlanten, die in mir die Vorstellung einer völlig flachen Landschaft entstehen ließ, in der sich als Ausnahme nur einige Steilküsten befanden. Dabei ist die Normandie – anders als die norddeutsche Marschlandschaft – so hoch gelegen, daß ihr Sturmfluten kaum etwas anhaben können, während die sanften Hügelketten eine unvermutet reizvolle Abwechslung bringen. Trotz der Meeresnähe eine ausgesprochen liebliche Landschaft.

Auch die Tatsache, daß hier fünfzehn Millionen Apfelbäume wachsen, hatte in mir eine falsche Vorstellung entstehen lassen. Kaum sah ich irgendwo Anlagen, die man als Plantagen hätte

AN DIE NORMANDIE

bezeichnen können. Der vorwiegend alte Baumbestand schmiegt sich an Bauernanwesen wie in alten Zeiten und erinnerte mich oft an das Landschaftsbild des Schweizer Kantons Thurgau, der ebenso durch seinen Apfelreichtum berühmt ist. Trotz aller kriegerischen Handlungen und Modernisierungsbestrebungen ist hier die Zeit stehengeblieben. Was an Bäumen während der Invasion vernichtet wurde, hat man auf Antrag durch den Marshallplan wieder ersetzt. Voraussetzung war, daß für die Entschädigungsmittel auch wirklich Bäume gekauft

und angepflanzt wurden. Doch auch sie stehen heute verstreut wie ihre Vorfahren und tragen die unterschiedlichsten Sorten.

Diese Individualität, besser noch der Nonkonformismus, ist eine hervorstechende Eigenschaft der Bewohner. Die Normannen sind fern davon, ein Dogma stur zu verfechten. Sie respektieren individuelle Eigenschaften und legen sich in ihren Urteilen nie so fest, daß sie nicht auch eine andere Meinung akzeptieren könnten. Es ist kein Zufall, daß es so gut wie keine Apfelplantagen gibt und die

fünf Prozent der Äpfel, die aus diesen neueren Pflanzungen stammen, ebenfalls eine Vielzahl von Sorten repräsentieren. Damit ist es auch nicht möglich, ein gleichschmeckendes Einheitsgetränk zu erzeugen. Der Apfelcidre, das typische Produkt der Gegend, ist vielfältig wie die Bewohner. In jedem Ort und in jeder Stadt schmeckt er anders, und man wird nie müde, ihn überall zu probieren. Äußert man sein Wohlgefallen dem Erzeuger gegenüber, so zeigt er nicht nur eine kindliche Freude, sondern offeriert sogleich die verfeinerte Weiterentwicklung seines täglichen Durstlöschers: den Calvados. Auch dieser Bauernschnaps, der es inzwischen zu Ehren und internationalem Ansehen gebracht hat, reflektiert das, was einem die Normandie so lieb macht: die Ursprünglichkeit, Individualität und bescheidene Selbstsicherheit.

„Darf ich Ihnen zum Abschluß einen guten alten Calvados anbieten?« Ein Satz, den man in Deutschlands Feinschmecker-Hochburgen seit 1980 immer häufiger hört. Zehn Jahre zuvor hätte man in demselben Lokal wahrscheinlich vergeblich nach dem französischen Apfelschnaps gefragt. Sogar viele Kellner hätten ihn nicht einmal dem Namen nach gekannt. Ein verblüffendes Phänomen in der deutschen Spirituosenwirtschaft: Innerhalb von zwei Jahrzehnten haben Cognac, Armagnac, alte Whiskies und berühmte Edelfruchtbrände einen Rivalen bekommen, der seiner Herkunft nach aus der untersten Volksschicht stammt und seinen Erfolgsweg in der obersten Gesellschaft begann. Calvados ist einfach »in«. Doch es ist nicht allein ein Modetrend. Er ist auch kein Selbstläufer, wie seinerzeit der Apfelkorn, der trotz der riesigen Verbreitung in Deutschland nie den Weg bis zur kulinarischen Elite fand. Calvados überzeugte einfach durch eine Qualität, die jeder Kenner mit Hochachtung respektiert.

Während in der Bundesrepublik und vielen anderen Ländern immer mehr Verbraucher bei hochprozentigen Getränken Zurückhaltung zeigen und sich viele Firmen in schweren Absatzkrisen befinden, zeigt der Import von Calvados erstaunliche Zuwachszahlen. Seit Jahren bewegen sie sich im zweistelligen Bereich, womit der deutsche Import 1987 rund 2,2 Millionen Flaschen erreichte. Es ist typisch für die Exklusivität des Calvados, daß sich in diese stattliche Zahl etwa 60 verschiedene Marken von annähernd 30 industriemäßig aufgezogenen Brennereien teilen. Mehr als vier Dutzend Importfirmen betreiben die Einfuhr in das Bundesgebiet. Fast bei jedem Importeur werden dabei verschiedene Qualitätsstufen des jeweiligen Calvados

CALVADOS

angeboten. Doch damit nicht genug. Neben den industriellen Brennereien besitzen noch etwa 700 bäuerliche Betriebe Brennrechte, die allerdings im wesentlichen zur Deckung des eigenen Bedarfs genutzt werden. In früheren Zeiten war diese Zahl noch erheblich höher. Im Zusammenhang mit der Französischen Revolution erhielt nämlich jeder Bauer, der eigenes Brennobst anbaute, das Recht, Schnaps herzustellen. Der Staat gestattete ihm dabei, ohne irgendwelche Abgaben zu verlangen, eine Menge, die umgerechnet zehn Liter reinem Alkohol entspricht. Damit verfügte der Bauer über etwa 350 Flaschen zu 0,7 Liter. Destillierte er ein größeres Quantum, so waren dafür Steuern zu entrichten. Dies führte zu einer erheblichen Vermehrung des Apfelbaumbestandes. 1939 hatte durch diese Entwicklung die Calvadosproduktion etwa die doppelte Menge erreicht wie heute. Für den billigen Bauernschnaps gab es dabei noch keinen Export, doch verkauften die größeren Brennereien den Schnaps in alle Teile Frankreichs. Daneben erzeugten diese Betriebe etwa 600 000 bis 700 000 Hektoliter reinen Alkohol, der in die Industrie ging.

Die Regierung von Mendès-France brachte für die Cidre- und Calvadosproduktion eine erhebliche Änderung. Mit der Einführung von Abholzprämien verschwand ein erheblicher Teil des Apfelbaumbestands. Der auf die Volksgesundheit bedachte Ministerpräsident führte gleichzeitig eine Milchausgabe an die Schulkinder ein und beschnitt das Recht der Eigenbrennerei. Wer bis dahin seine genehmigte Menge Schnaps destilliert hatte, durfte zwar weiter brennen, doch nur bis zum Tode des jeweiligen Hofbesitzers. Das Brennrecht läßt sich nicht auf die Nachkommen vererben. Dafür erwei-

terte sich die Produktion der industriellen Brennereien. Zum Teil waren dies sehr moderne Betriebe,
da alle Kriegszerstörungen ersetzt und dabei dem
neuesten Stand der Technik angepaßt wurden.
Darüber hinaus wurde dem Baumbestand der Normandie in jüngster Zeit
noch ein weiterer schwerer
Schlag versetzt. Die Sturm-
schäden vom Oktober 1987
zerstörten etwa 25 Prozent
des Apfelbaumbestandes
und damit mehr, als der
Krieg vernichtet hatte.

Von den Apfelbauern der
Normandie, die ihre Brennrechte noch nutzen, haben
begreiflicherweise viele den
Ehrgeiz, aus ihrem Apfel-
wein, dem Cidre, ein Pro-
dukt herzustellen, das dem
im Handel befindlichen
Calvados der Industriebe-
triebe noch überlegen ist.
Von diesem Streben nach
Höchstleistung profitiert
auch Deutschlands Spitzen-
gastronomie. Teilweise
haben die Patrone dieser
Häuser selbst im Calvadosgebiet nach außergewöhnli-
chen Herstellern geforscht
und beziehen nun deren
Erzeugnisse, gewisserma-
ßen exklusiv für sie abge-
füllt, im Direktimport mit
handgeschriebenen Etiket-

ten. Andere wieder werden von französischen
Exportfirmen bedient, die in ihrem Angebot mehrere kleinere Hersteller gebündelt haben. In bezug
auf Exklusivität besteht dabei kaum ein Unter-
schied, nur daß dem Hersteller der Kleinversand

und dem Bezieher die eigenen Recherchen erspart bleiben. Etwa 80 französische Handelsfirmen sind beim offiziellen Büro für Calvados registriert.

In keinem anderen Land der Welt findet man infolge dieser Situation ein so vielfältiges Angebot verschiedenartiger Calvadossorten wie in der Bundesrepublik.

Von den rund 15 Millionen Flaschen Calvados, die jährlich in den Handel gelangen, wird der überwiegende Teil im Land selbst konsumiert. Unter den Abnehmerländern steht jedoch die Bundesrepublik Deutschland, solange eine zuverlässige Statistik geführt wird, eindeutig an erster Stelle. Vermutlich waren davor die Schweiz und Belgien die favorisierten Kunden der normannischen Bauern. Doch brachte die Vielzahl der deutschen Verbraucher

bald eine Veränderung der Reihenfolge, nachdem sie erst einmal die Vorzüge des Calvados realisiert hatten. Die Schweiz hält sich mengenmäßig auf dem zweiten Platz und kann mit Recht behaupten, den höchsten Prokopfverbrauch an Calvados zu haben. Belgien ist inzwischen auf Platz vier abgefallen, nachdem auch die Japaner die Edelspirituose entdeckten.

Vermutlich hätte der Calvados niemals dieses hohe Ansehen erreicht, wäre nicht die Produktion nach dem Vorbild von Cognac reglementiert und überwacht. Im Zusammenhang hiermit wurden die Altersauszeichnungen, die für Cognac und Armagnac galten, auch für den Calvados übernommen. Damit erhielt die Spirituose eine Reputation, die sie gegenüber anderen französischen Weinbränden, dem Marc oder den zahlreichen Fruchtbränden des Elsaß in einen Vorteil brachte. Wer ein derartiges Getränk bestellt, zeigt Kennerschaft.

Wahrscheinlich gehöre ich zu den wenigen Menschen außerhalb Frankreichs, die den Aufstieg des Calvados gewissermaßen von der Wiege an mit Aufmerksamkeit verfolgten. Es war ein Zufall, dem ich die Begegnung mit dieser Spirituose zu verdanken habe. Eines Morgens im Frühling 1946 kam plötzlich ein Kollege in mein Genfer Büro, der mein Interesse für gutes Essen und besondere Getränke kannte. »Haben Sie schon die Auslage von Burkard gesehen?« Burkard war zu der Zeit das führende Feinkostgeschäft von Genf und begann, nachdem sich nach und nach die Grenzen zu den verschiedenen Ländern der Welt wieder öffneten, Spezialitäten einzuführen, die es während der Kriegsjahre in der Schweiz und wahrscheinlich auch in den Erzeugerländern kaum gab. »Da hat man doch den Roman von Erich Maria Remarque zusammen mit einer Flasche Calvados ins Fenster gestellt.« Mein Gesprächspartner fand dies geradezu unerhört im Hinblick auf die so hohen Ansprüche dieses Delikateßgeschäfts. »Calvados ist wirklich das Letzte von einem ordinären Bauernschnaps, den man außerhalb der Normandie in keinem vernünftigen Lokal bekommt.« Zu meiner Schande muß ich gestehen, daß ich das Buch von Remarque damals zwar schon gelesen hatte, daß jedoch der auf fast jeder zweiten Seite sich wiederholende Hinweis auf Calvados an mir vorbeigegangen war. Mir sagte der Name nichts, und ich vermutete dahinter irgendeine billige Spirituosenmarke. Nun wurde ich jedoch von meinem Kollegen ausführlich unterrichtet. Mir wurde schnell klar, was der damals wohl prominenteste deutsche Emigrantenschriftsteller im Tessin den Bauern der Normandie für einen Ball zugespielt hatte. Die Menschheit der damaligen Zeit war in Sachen

CALVADOS WELTBEKANNT ▬

Werbung und Public Relations noch recht naiv. Man wußte noch nicht, daß man mit der Namensnennung eines Produkts in einem literarischen Werk Geld verdienen konnte. Es gab auch noch keine Agenten und Agenturen, die den Herstellern bei Schriftstellern und Journalisten die Unterbringung eines Markennamens ermöglichten. Doch

gewisse Brennereien in der Normandie zeigten sich clever genug, um den Wink des Schicksals zu erkennen. Vor allem hatte dies auch das Delikateßgeschäft Burkard und mit ihm eine Reihe anderer Feinkostgeschäfte in Schweizer Großstädten realisiert. Gleichgültig, wer auf dem relativ primitiven Etikett als Hersteller angegeben war, ihm gebührt Respekt dafür, daß er die Zeichen der Zeit erkannte und sich bemühte, seine verbliebenen Lagerbestände in harte Franken umzumünzen. Ein Qualitätsanspruch im heutigen Sinn war vermutlich nicht angebracht, doch erwiesen sich die damaligen Calvadoslieferungen als ehrliche, reelle Spirituosen, die in der Schweiz gute Aufnahme fanden. Schließlich waren es die Eidgenossen gewohnt, in ihren Kaffee einen Marc, ein Pflümliwasser oder einen Kirsch zu schütten. Ohne zu wissen, daß die Apfelbauern der Normandie dieselbe Sitte hatten, wurde nun mit Calvados auch ein Schweizer Kaffee verdünnt oder – wie man es nimmt – verstärkt.

Angesichts der sich bietenden Chance, ihren Apfelschnaps in die Traumwährung des damaligen Europas umzusetzen, begannen die größeren Brennereien im Calvadosgebiet ihr Regionalprodukt international aufzupolieren.

BAUERNSCHNAPS

Bäuerliche Lebensweise und Kultur sind gewöhnlich in der Geschichtsschreibung stiefmütterlich behandelt worden. Die Überlieferungen konzentrieren sich immer auf die Herrscherhäuser, ihre Kriege, ihre Feste, Bauten und Kleidung. Das Volk auf dem Lande schien den Historikern uninteressant, auch wenn es sich dabei – sogar bis in unser Jahrhundert – um 70 bis 90 Prozent der jeweiligen Bevölkerung handelt. Bei der Rekonstruktion ländlicher Sitten ist man daher weitgehend auf Hinweise angewiesen, die sich aus alten Gemälden oder Abrechnungen ableiten lassen. Aus römischen Quellen weiß man, daß in der Gegend der heutigen Normandie oder Bretagne viele wilde Apfelbäume wuchsen, die vermutlich schon im frühen Mittelalter von Mönchen veredelt und kultiviert wurden. Karl der Große gab dabei entscheidende Impulse, indem er in dem Brevier »De villis« Vorschriften über Art und Weise des Apfelbaumanbaus machte. Da die klimatischen Voraussetzungen für diese Obstart, zu der dann – offenbar erheblich später – noch Birnen kamen, hervorragend waren, entstand hier ein zusammenhängendes Apfelanbaugebiet von einzigartiger Beschaffenheit.

Für die Bevölkerung hatte dieser Obstbestand einen erheblichen existentiellen Wert. Die Trinkwasserversorgung war großenteils sehr schlecht und das Grundwasser oft kaum genießbar. So war es verständlich, daß die Apfelernte vorwiegend vermostet und zu Cidre vergoren wurde. Dabei erwies sich die Vielfalt der Apfelsorten als besonders günstig. Sie gab die Möglichkeit, süße und saure, aromatische und weniger aromatische Äpfel in einem solchen Verhältnis zu mischen, daß man zu einem ausgewogen gut schmeckenden Apfel-

wein kam. Dies ist bis heute das Geheimnis der unterschiedlichen Calvadosqualitäten. Jede Brennerei ist bemüht, eine möglichst harmonische Mischung (Cuvee) herzustellen, um aus ihr dann eine entsprechend wohlschmeckende Spirituose zu destillieren.

Während sich in anderen Gegenden Frankreichs die Produzenten von Tafeläpfeln auf die ertragreichsten und wohlschmeckendsten Sorten konzentrieren, behielten die normannischen Apfelbauern die Vielfalt ihrer Apfelsorten bei, um dadurch die Qualität des Endprodukts besser manipulieren zu können.

Für die Bewohner dieser nördlichsten Landschaft Frankreichs spielte der Cidre nicht nur als Getränk eine ähnliche Rolle wie in den weiter nördlich gelegenen Regionen das Bier, sondern war zugleich auch durch seinen mäßigen Alkoholgehalt ein aufheiterndes Getränk. Es sorgte bei Festen für gute Stimmung oder bewährte sich als gutes Mittel gegen die naßkalte Witterung in der schlechten Jahreszeit.

Als durch Mönche und Apotheker die Technik der Destillation bekannt wurde, hat man mit Sicherheit auch den einheimischen Cidre benutzt, um aus ihm eine hochprozentige Spirituose herzustellen. Vermutlich blieb zu jener Zeit die Destillation noch auf diese privilegierten Kreise beschränkt. Ohnehin fehlten der armen bäuerlichen Bevölkerung die materiellen Voraussetzungen für eine Brennerei. Zum andern unterlag damals schon die Schnapsbrennerei einer Genehmigung durch den Landesherrn. Vermutlich vertrieben Apotheken und Klöster seinerzeit ihren Apfelschnaps als eine mit Kräutern und Gewürzen angereicherte Medizin. Das erste historische

Dokument, aus dem sich die Veredelung von
Apfelwein zu Schnaps datieren läßt, stammt aus
dem Jahre 1553. Ein gewisser Sire Gilles de Gouberville aus Mesnil-au-Val erhielt damals eine
königliche Konzession, um einen »Eau de Vie de
Sydre« zu brennen. Da es jedoch sowohl im Adel
als auch im Großbürgertum noch bis in unser Jahrhundert hinein verpönt war, klaren Schnaps zu
trinken, hat dieser Edelmann mit seinem Erzeugnis
vermutlich entweder die Marketenderei eines
Heerführers oder Spelunken normannischer Hafen-
städte versorgt. Bekanntlich war es zu der Zeit bei
den Flotten aller Länder üblich, Seeleute, die nicht
freiwillig anheuerten, so stark unter Alkohol zu
setzen, daß sie erst wieder zu sich kamen, nachdem das Schiff bereits in See gestochen war. Doch
gleichgültig, was den edlen Gutsbesitzer dazu
bewog, Schnaps zu brennen, seine Lizenz wird
jedenfalls bis heute als die Geburtsstunde des Calvados angesehen. Im übrigen ist zu vermuten, daß
er diese Veredelung aus rein wirtschaftlichen
Gründen dringend benötigte. Zwei Jahre zuvor
hatte er nämlich eine gewaltige Mostpresse erfun-
den, die in der Lage war, schneller und ausgiebiger
die Äpfel zu verarbeiten.

Zweifelhaft erscheint die Überlieferung, nach
der Gilles de Gouberville auch Erfinder des »normannischen Lochs«, des »Trou normand« gewesen
sein soll. Heute ist das »Trou normand« eine Tisch-
sitte bei einem üppigen Festessen in der Normandie. Es bezeichnet den Calvados, der zwischen den
Gängen gereicht wird, um im Magen wieder ein
Loch für den nächsten Gang zu schaffen. Ein
Brauch, der uns heute durchaus einleuchtend
erscheint. In die Feudalsitten der damaligen Zeit
paßt das »normannische Loch« jedoch kaum hin-

ein. Trotzdem soll man den Bewohnern der Normandie zugute halten, daß ihre Vorfahren eingewanderte Normannen waren, freie Nordmänner, die sich nicht gern an höfische Sitten hielten.

In welchem Umfang in den folgenden Jahrhunderten Brennrechte vergeben wurden, läßt sich schwer nachweisen. Während Apfelcidre das

wichtigste Volksgetränk blieb, war das aus ihm
hergestellte Destillat für die Apfelbauern bis in
unsere Zeit eine Kostbarkeit, die man zu schätzen
wußte. Brennrechte für die Bauern eröffneten
kaum ein nennenswertes Geschäft, doch freute
man sich, in den eigenen vier Wänden bei schlech-
tem Wetter oder zu besonderen Gelegenheiten
einen Calvados trinken zu können. Daneben ent-
wickelte sich schon vor dem letzten Weltkrieg in
den Cafés der Normandie die Gewohnheit, einen
»Café-Calva« anzubieten. Café-Calva ist das Pen-
dant zum deutschen »Pharisäer«, dem Kaffee mit
Rum, zum Kaffee mit Obstler der Württemberger
oder dem Kaffee-Kirsch der Schweizer. Man gießt
dabei nach Belieben die klare Spirituose in den
schwarzen Kaffee und gibt eventuell noch etwas
Zucker dazu. Nicht nur die Obstbauern der Normandie trinken ihren »Café-Calva«, auch in
Deutschland hat er heute seine Freunde gefunden.

Den Namen Calvados hat der normannische
Apfelschnaps erst relativ spät erhalten. Über den
Ursprung des Namens existieren mehrere Legen-
den, wobei sich eine besonders durchgesetzt hat.
Nach ihr lief 1588 die zur spanischen Armada
gehörende Karavelle »El Calvadore« an der Küste
der Normandie auf einen Felsen. Der Name des
Wracks veränderte sich in der normannischen
Überlieferung mit der Zeit zu »Calvados«. Als im
Zusammenhang mit der Französischen Revolution
das Land in Départements aufgeteilt wurde, ent-
schloß man sich, den ganzen westlichen Teil der
Normandie mit dem Namen Calvados zu beden-
ken. Für die Apfelbrenner des Gebiets war es nahe-
liegend, ihre Erzeugnisse nach dieser Landschaft
zu nennen.

Remarque hätte seine Romanfiguren auch einen Marc oder Pastis trinken lassen können. Wenn er trotzdem den Calvados wählte, so wollte er dem mit der Szene vertrauten Leser die trostlose Misere der deutschen Emigranten vor Augen führen. Ihr Geld reichte eben nur für das Billigste. Mit ihm verband sich jedoch nicht allein die Notlage der deutschen Flüchtlinge, sondern teilweise auch die junger Leute aus der Normandie, die nach Paris gegangen waren, um dort nach Arbeit zu suchen. Wie Deutschland war auch Frankreich anfangs der dreißiger Jahre durch Arbeitslosigkeit und schwere wirtschaftliche Depressionen gezeichnet. Immer weniger Franzosen hatten die Möglichkeit, Ferien in der Normandie zu verbringen, und imme knapper wurde das Bargeld. Wer den väterlichen Hof verließ, um in der Hauptstadt sein Glück zu versuchen, landete gewöhnlich in trostlosen Elendsquartieren. Eine Unterstützung vom heimischen Hof bestand allenfalls in einigen Flaschen Calvados. Für wenig Geld verkaufte man sie in Bistros, wovon dann die Emigranten profitierten.

Diese traurigen Umstände erwiesen sich für die spätere Entwicklung als durchaus vorteilhaft. Der Calvados wurde aus seiner Anonymität herausgehoben und unter einer Schicht von Personen bekanntgemacht, die zehn Jahre später wieder an einflußreichen Positionen in Europa oder Amerika standen. Gleichzeitig sorgte auch das Buch Remarques dafür, daß sich der Name im Gedächtnis zahlloser Menschen einprägte. Auch hierbei wurde eine bestimmte Elite angesprochen, da »Arc de Triomphe« in erster Linie von denen gelesen wurde, die am europäischen Schicksal interessiert waren.

Die wichtigsten Voraussetzungen zum späteren

33

Höhenflug des Calvados schufen paradoxerweise
die deutschen Besatzungsbehörden. Aus kriegs-
wirtschaftlichen Gründen verfügten sie die
Beschlagnahme aller französischen Spirituosenbe-
stände und der laufenden Produktion. Eine Aus-
nahmegenehmigung erhielten lediglich die Erzeuger von Cognac und Armagnac. Ihre Destillate
unterlagen schon lange einer genau geographisch
definierten Begrenzung des Gebiets, aus dem einzig und allein die verwendeten Brennweine zu
stammen hatten. Um jedoch eine genaue Kontrolle
über die Ernten beziehungsweise Verarbeitung zu
Cognac oder Armagnac zu gewährleisten, schuf
die Militärverwaltung ein »Bureau National Interprofessionnel de Cognac« beziehungsweise eine
entsprechende Stelle für den Armagnac. Der dama-

lige französische Landwirtschaftsminister, Leroy-Ladurie, der offiziell den Erlaß zur Einrichtung dieser Kontrollinstanzen zu unterschreiben hatte, war ausgerechnet ein Normanne. Er erkannte sofort die verheerenden Folgen für seine Landsleute, falls das deutsche Militär seine Hand auf die Calvados-destillate legen würde. Gleichzeitig wurde ihm aber auch bewußt, daß die Voraussetzungen für die Herstellung von Calvados die gleichen waren wie diejenigen von Cognac und Armagnac. Das Gebiet war bereits lange Zeit zuvor abgegrenzt worden, aus dem einzig und allein der Cidre stammen durfte, der dann im gebrannten Zustand als Calvados verkauft werden konnte. Leroy-Ladurie wurde bei den deutschen Behörden vorstellig, und diese erkannten die Parallele an. So erhielten nicht

nur die beiden berühmten Weindestillate, sondern auch der bäuerliche Apfelschnaps im Krieg einen Sonderstatus, der den Bauern ihre Bestände und weitere Produktion sicherte. Vorsorglich hatten schon viele Bauern Calvadosfässer vergraben, eingemauert oder an anderen Orten in Sicherheit gebracht. Wenn diese Maßnahmen nun auch überflüssig waren, so erwiesen sie sich doch als recht nützlich, als nach dem Krieg der Calvados zu unverhofften Ehren kam. Unmittelbar nach der Etablierung der nationalen Kontrollbüros für Cognac und Armagnac wurde im Jahr 1942 auch das »Bureau National Interprofessionnel des Calvados et Eau-de-Vie-de-Cidre« (B.N.I.C.E.) eingerichtet. Diese Institution schuf die grundlegenden Voraussetzungen für eine Qualitätsverbesserung und eine wirtschaftlich klar überschaubare Vermarktung.

Im Gegensatz zu der Charente, dem Gebiet des Cognacs, fehlte es dabei in der Normandie noch an zahlreichen Voraussetzungen, die sich dort im Laufe vieler Jahrzehnte herausgebildet hatten. Ohnehin waren die Kriegsverhältnisse nicht dazu angetan, diese Dinge in kurzer Zeit nachzuvollziehen. Mit der alliierten Invasion wurde die gesamte Entwicklung jäh unterbrochen, und Obstbauern sowie Mostereien erlitten teilweise schwere Schäden. Man konnte sie jedoch insofern leicht verschmerzen, als alle industriellen Anlagen noch relativ bescheiden waren und der Wiederaufbau erhebliche technische Verbesserungen brachte. Allerdings werden bis heute noch auf vielen Höfen recht primitive Brenngeräte benutzt.

Daneben existieren vereinzelt auch noch immer fahrbare Brennereien, die in Lohnarbeit die Destillation bei den Bauern vornehmen. Soweit derartige Apparaturen ausrangiert werden, versucht man, sie als Zeugen früherer Apfelwein- und Calvadosproduktion zu erhalten. So gibt es im Gebiet mehrere Museen, in denen den Besuchern die Entwicklungsgeschichte der normannischen Apfelweinwirtschaft vor Augen geführt wird.

Mit der Gründung des Bureau National Interprofessionnel des Calvados erhielt die Spirituose aus der Normandie einen Namensschutz. Kein anderer Apfelschnaps darf sich seitdem Calvados nennen. Dabei wurden seinerzeit die Grenzen des Gebiets erneut genau festgelegt und die Voraussetzungen für eine strenge Überwachung durch das nationale Institut geschaffen. Diese Überwachung setzt bereits bei der Apfelernte ein. Es ist nämlich nicht statthaft, Äpfel beziehungsweise einen Most oder Cidre zur Herstellung von Calvados zu verwenden, der aus Äpfeln außerhalb des begrenzten Gebiets gepreßt wurde. Im Hinblick auf die Birnenbestände der Region erhielten die Vermoster von Birnen die rechtliche Grundlage, ihre Ernten auch zur Herstellung von Calvados zu verwenden. Damit besitzen die Brenner die Möglichkeit einer breiteren Geschmacksabrundung.

Nach der damals getroffenen Regelung wurde festgelegt, daß Apfelweindestillate, die außerhalb der angegebenen Grenzen gewonnen werden, nur unter dem Namen »Eau-de-Vie-de- Cidre« auf den Markt kommen dürfen.

Außerdem wurde innerhalb des Calvadosgebiets eine Region als Herzstück mit bester Apfelqualität herausgehoben, für die besondere Bestimmungen gelten. Es handelt sich hierbei um das Pays d'Auge, ein Gebiet, in dem die Hersteller ihre Destillate als »Calvados du Pays d'Auge-Appellation d'Origine

Controlée« verkaufen dürfen. Alle anderen Herkunftsbereiche, die im einzelnen aufgezählt sind und unter anderem die Landschaften Cotentin, l'Avranchin, Mortanais, Calvados, Domfrontais, Vallée de l'Orne und Pays de Bray umfassen, werden mit »D'Appellation d'Origine Réglementée« ausgezeichnet. Vergleichen wir mit dem Cognac: Der Pays d'Auge hat etwa den gleichen Stellenwert wie beim Cognac ein »fine Champagne«. Um diese Sonderstellung noch zu unterstreichen, hat

das Bureau National festgelegt, daß der Calvados aus dieser Region – wie auch der Cognac – in der altüberlieferten Brennblase gebrannt werden muß.

Bei diesem Verfahren wird zunächst ein Rauhbrand hergestellt, der etwa nur 25° Alkohol enthält. Für das Ausgangsprodukt, den Cidre, ist vorgeschrieben, daß er mindestens ein Jahr im Faß gereift sein muß. Auch der Rauhbrand hat mehrere Monate im Faß zu lagern. Bei der dann folgenden zweiten Destillation spielt die Erfahrung des Brennmeisters eine erhebliche Rolle. Es kommt darauf an, den ersten Teil des Destillats, den sogenannten Vorlauf, abzutrennen, dessen Geruch und Geschmack das Endprodukt verderben würde. Auch am Ende des Durchlaufs kommt eine unerwünschte Phase, der sogenannte Nachlauf, der ebenfalls ausgesondert werden muß. Das dazwischenliegende Herzstück hat eine Alkoholstärke von etwa 72°, die jedoch schon bald durch Zugabe von Wasser auf 55 bis 60° reduziert wird.

Die Verwendung von abgelagertem Cidre beruht auf alten Erfahrungen. Früher war es nämlich normal, den für den Hausgebrauch so wichtigen Cidre bis zur neuen Ernte zu halten. Erst in dem Moment, wo die Fässer für neuen Most gebraucht wurden, kam der alte Cidre in die Brennblase. Das junge Destillat ging dann als Jahresvorrat der Familie in den bäuerlichen Keller. War noch ein Rest aus dem davorliegenden Jahr vorhanden, so wurden beide Teile zusammengeschüttet. Ein Verfahren, das heute nicht mehr statthaft ist.

Bezüglich der Pflege und Alterung hat die Calvadoswirtschaft viel vom Cognac übernommen. So müssen die jungen Destillate in Limousin-Eichenfässern lagern. Dabei bleibt das Destillat mindestens ein Jahr im Faß, bevor es verkauft werden darf. Schon während dieser Zeit unterliegt es einer besonders sorgfältigen Pflege, da der Calvados nicht so schnell wie der Cognac reift und man um so mehr auf Raumtemperatur und die optimale Feuchtigkeit achtzugeben hat. In jedem Fall darf der Verkauf erst frühestens ein Jahr nach der Destillation beginnen, nachdem eine Kommission des Bureau National die Proben anonym verkostet und für gut befunden hat.

In der Auszeichnung der auf Flaschen abgefüllten Apfelbrände hat man sich an den im Cognac- und Armagnacgebiet üblichen Altersbezeichnungen orientiert. Im Gegensatz zum Cognac, der bereits nach 12 bis 24 Monaten Faßlagerung drei Sterne führen darf, wird ein Calvados noch nicht ausgezeichnet. Erst nach zwei Jahren darf der Hersteller drei Sterne oder drei Äpfel auf dem Etikett führen. Faßlagerungen zwischen drei und vier Jahren können mit »Vieux« oder »Réserve« in den Handel kommen. Die Auszeichnung »Vieille Réserve« oder »V.O.« verraten eine vier- bis fünfjährige Faßlagerung, während bei sechs Jahren die V.S.O.P.-Bezeichnung erlaubt ist. Für alle darüber hinausgehenden Alterungen legen die Hersteller nach eigener Entscheidung die Zahl der Jahre fest, nach denen die Flaschen das Prädikat »extra«, »Napoléon«, »hors d'âge« oder »âge inconnu« erhalten.

Dank dieser sehr strengen Regeln wurde in den Nachkriegsjahren relativ schnell die Qualität so heraufgeschraubt, daß man nur noch von einer Edelspirituose sprechen kann. Eine starke Unterstützung fanden dabei die Calvadosbrennereien durch das Heer der Apfelbauern, die an der Verbesserung ihrer Sorten arbeiteten. Für sie hat der

Cidre als Hausgetränk zwar an Bedeutung verlo-
ren, doch hat sich dafür ein erheblicher Markt von
Verbrauchern eröffnet, die anstelle eines schweren
Weins lieber einen
leichten, etwas mous-
sierenden Cidre trin-
ken. Dabei zeigt sich
ein deutlicher Wettbe-
werb zwischen den
verschiedenen Moste-
reien, der letztlich
dazu geführt hat, daß
immer bessere Cidre-
qualitäten in die Bren-
nereien kommen. In
jedem Fall handelt es
sich dabei um absolut
naturreine Produkte,

die nicht durch irgendwelche chemischen Zusätze manipuliert und geschönt werden dürfen. Es ist lediglich gestattet, die Destillate durch Zugabe von Karamellösung zu tönen, falls die erwünschte Farbe bei der Faßlagerung nicht erreicht wurde.

Während die ersten Auslandslieferungen nach dem Krieg zum Teil aus versteckten und über den Krieg geretteten Reserven bestanden, formierten sich schon bald Firmen, die eine modern einge-richtete Neuproduktion vornahmen. Hand in Hand

hiermit ging die Aufforstung des Apfelbestandes und eine gewisse Verschiebung der Mostverwertung zugunsten der Cidre- und Calvadosherstellung. Außerdem entwickelten die Obstbauern schon kurz nach dem Krieg ein neues Produkt, bei dem der Pineau aus der Charente, der Floc der Gascogne und der Ratafia der Champagne zum Vorbild genommen wurden. In allen diesen Fällen handelt es sich um Aperitifgetränke, die auf der regionalen Spirituose basieren und denen ein sterilisierter Süßmost des gleichen Ausgangsprodukts zugesetzt wird. Für die Normandie wurde dies der Pommeau. Die rechtliche Basis für seine Herstellung war aufgrund eines Gesetzes aus der Vorkriegszeit gegeben. Darüber hinaus wollte man dieses neue Getränk, ähnlich wie den Calvados, in seinem Herstellungsprozeß und in seiner Qualität so genau definieren, daß ein Mißbrauch mit dem Namen nicht mehr erfolgen konnte. So bildete sich von 1963 bis 1984 zwischen Herstellern und Organisationen eine Rechtsbasis, die den Pommeau zu einem geschützten Erzeugnis macht. Die eigentliche Entwicklung setzte erst in diesem Jahrzehnt ein, nachdem 1981 sechs Hersteller ganze 12 000 Flaschen verkauften. Bereits 1986 waren es schon 150 Firmen, die sich für die Herstellung interessierten beziehungsweise etwa 300 000 Flaschen auf den Markt brachten. Inzwischen ist die Millionenmarke kräftig überschritten. Aber in Anbetracht der Entwicklung der entsprechenden Aperitifgetränke in den anderen erwähnten Regionen wird man die weiteren Erwartungen nicht zu hoch schrauben dürfen.

Für den Calvados ergeben sich dagegen noch beachtliche Wachstumschancen speziell für lang abgelagerte Marken.

GROSSE CALVADOSJAHR

Der Ausbau langjährig gelagerter Edelspirituosen bindet viel Geld. Inzwischen sind zwar seit der Reglementierung und dem Kriegsende etliche Jahrzehnte vergangen, doch mußte die Calvadoswirtschaft erst einmal von Grund auf entwickelt werden. Die hierzu notwendigen Mittel konnten jeweils nur die neuen Ernten bringen, so daß die Betriebe nur wenig für eine längere Faßlagerung abzweigen konnten. Den eigentlichen Anreiz hierzu bot auch erst die überraschend schnelle Vermarktung, das heißt etwa eine Verdreifachung des Absatzes innerhalb der letzten 15 Jahre. So ist es verständlich, daß die großen Calvadosqualitäten aus guten Erntejahren und einer Faßlagerung zwischen 20 und 30 Jahren in größerer Menge erst nach und nach auf den Markt kommen werden. Für Raritäten aus Jahrgängen wie 1890 und 1905 zahlt man, sofern man diese überhaupt noch findet, beim Erzeuger in der Normandie mindestens 1500 Francs.

Hinweise auf außergewöhnliche Qualitäten geben jährlich stattfindende Wettbewerbe. Erstmalig wurde bereits 1876 zugunsten des Hospice de Vimoutiers zur traditionellen Pfingstmesse eine solche Konkurrenz ausgetragen. In einem breiter angelegten Maßstab begannen die Wettbewerbe erst 1922. Allerdings hatten diese Vorläufer nur eine regionale Bedeutung oder fielen den Kriegsereignissen zum Opfer. Bedeutungsvoll für die heutige Zeit ist der seit 1982 durchgeführte Concours de Pommeau, der für Calvados und Cidre stattfindet. Dabei gibt es unterschiedliche Kategorien, die nach dem Alter des Flascheninhalts gestaffelt sind. Außerdem werden noch eine Reihe weiterer Preise verliehen, bei denen jeweils die Teilnehmer des Kerngebiets mit der »Appellation Calvados du Pays

47

d'Auge Contrôlée« und die der übrigen Gebiete, die ihre Erzeugnisse mit einer »Appellation Calvados Réglementée« zeichnen dürfen, in getrennten Rubriken geführt werden. Hierbei haben sich seit 1982 eine Reihe von Herstellern besonders profilieren können. Dabei beteiligen sich in diesen beiden Gruppen jeweils die bäuerlichen Betriebe, die Genossenschaften und die 33 Erzeuger auf industrieller Basis. Auch mit dieser Unterscheidung entspricht die Calvadoswirtschaft den Vorbildern des Cognacgebiets. Darüber hinaus gibt es auch noch eine vierte Gruppe, in der sich die reinen Handelsfirmen befinden, die zum Teil auch mit eigenen Marken auftreten. Aber die Mehrzahl der 40 bis 45 Handelsfirmen ist unbedeutend klein.

Neben einer Reihe von lokalen und regionalen Veranstaltungen zur Prämiierung besonders guter Destillate gibt es eine von übergeordneter Bedeutung. Es ist dies die alle zwei Jahre sich wiederholende Messe von Caen, auf der die besten Agrarerzeugnisse der Region gezeigt werden. Erst wer hier durch einen Preis ausgezeichnet wurde, darf sich in Paris am »Concours agricole« beteiligen. Die dabei vergebenen Gold-, Silber- und Bronzemedaillen sind für die prämiierten Calvadoshäuser die mit Abstand wichtigste Reputation, um sich auf dem Weltmarkt zu profilieren.

Während die landwirtschaftlichen Privatbetriebe vielfach auf eine alte Tradition zurückblicken können oder schon vor dem letzten Krieg damit begannen, Calvados zu vermarkten, sind die sechs Genossenschaften der Region erst in den sechziger Jahren entstanden. Zwei von ihnen betreiben dabei auch eine eigene Produktion. Insgesamt gehören vier Prozent der Calvadoserzeuger zu Genossenschaften, die an der gesamten Vermarktung zu sechs Prozent und an der Lagerhaltung zu zehn Prozent beteiligt sind. Über die zukünftige Bedeutung der Genossenschaften läßt sich im Moment schwer etwas sagen. Das Jahr 1988 läßt eine Neugruppierung erwarten, wobei eine allgemeine Annäherung an die Kooperative Elle & Vire festzustellen ist. Die Neugründung einer »Union Normande des Cooperatives« zeigt auf diesem Sektor deutliche Konzentrationsbestrebungen.

Die industriellen Erzeuger waren bis 1972 relativ kleine Unternehmen. Als dann jedoch ein gewisser

Calvadosboom und ein deutlicher Preisanstieg zu
erkennen war, rief dies eine Reihe großer Geträn-
kekonzerne auf den Plan. In schneller Folge enga-
gierten sich in der Calvadosproduktion die Gruppen Pernod-Ricard, Veuve Cliquot-Hennessy,
Asbach, Camus und Martini-Rossi. Es ist nicht ver-
wunderlich, daß diese Getränkeriesen sich schnell
zu den wichtigsten Calvadoserzeugern entwickelten. Heute bestreiten die fünf Konzerne etwa
75 Prozent des gesamten Exports und einen erheblichen Teil der Produktion. Vorwiegend kommen
aus diesen Betrieben die jungen Calvadosqualitäten, doch legen alle diese Häuser Wert darauf,
auch langjährig gereifte Spitzenerzeugnisse anbieten zu können. Gerade in der Bundesrepublik zeigt
sich, wie man es bereits längere Zeit beim Cognac
beobachtet, eine Verschiebung zu den hochwertigen V.S.O.P.-Sorten. Dabei genießen die Marken
der großen Konzernfirmen eine starke werbliche
Unterstützung, so daß sich ihre Namen im allge-
meinen bei der gehobenen Verbraucherschicht
schon gut eingeprägt haben. Auch die Topgastro-
nomie kann auf diese Spitzenerzeugnisse nicht
mehr verzichten. Wohl aber finden wir in fast allen
diesen Restaurants daneben Abfüllungen von klei-
nen ländlichen Herstellern. Wie dem Gast dann
versichert wird, handelt es sich dabei um mit
besonderer Sorgfalt hergestellte Brände, deren
Qualität dann oft den großen Spitzenmarken überlegen ist, was jeder Gast selbst beurteilen kann.
Die Art dieser Vermarktung ist auf alle Fälle ein-
drucksvoll und erfolgreich.

SO TRINKT MAN CALVADOS

Es ist verständlich, daß ein ursprünglich bäuerliches Getränk im Laufe seines qualitativen Aufstiegs auch veränderte Trinkgewohnheiten mit sich brachte. Die Apfelbauern der Vorkriegszeit tranken genauso wie Remarques Emigranten in den Kneipen ihren Calvados aus schlichten Schnapsgläsern. Oft hatten diese eine sich öffnende Kelchform, meist mit einem relativ kurzen Stiel. In ihrer kleinsten Ausführung faßten sie etwa 2 cl, die größeren etwa 4 bis 6 cl. In diesen wurden oft auch Süßweine oder Bitteraperitifs ausgeschenkt. Je kleiner die Ausführung, desto dicker war die Glasstärke. Für die Benutzer dieser Gläser war es mehr oder weniger selbstverständlich, den Schnaps zu kippen oder bei einem etwas größeren Volumen in mehreren Schlucken zu trinken. Häufig wurde der Calvados auch nur in Stampern angeboten. In jedem Fall wurde er mit Zimmertemperatur serviert.

Nachdem Calvados nicht nur gesellschaftsfähig wurde, sondern sogar zu einem Edelgetränk avancierte, trat eine deutliche Änderung ein. Der Genuß besteht nicht mehr in der weitgehend kritiklosen Aufnahme von Alkohol, sondern in Präliminarien, die auch ein entsprechend anders geformtes Glas verlangen. Wieder zeigt sich dabei das Verwandtschaftsverhältnis zum Cognac. Gläser, in denen diese königliche Spirituose zur Geltung kommt, sind gerade recht, um darin auch den Calvados angemessen zu würdigen. So hat es sich eingebürgert, ihn in Schwenkern oder in an Sherrygläser erinnernden Cognac-Probiergläsern zu servieren. In jedem Fall hat man die Möglichkeit, durch ein feines dünnes Glas die Farbe zu begutachten und durch die sich verjüngende Öffnung nach einigen Drehungen des Inhalts das volle Aroma mit der Nase wahrzunehmen. Mit dem Kip-

pen ist es vorbei. Nachdem die Nase befriedigt ist, werden vorsichtig die ersten Tropfen probiert. Langsam läßt man das Aroma auf die Geschmacksnerven einwirken. Gewöhnlich wird für den nächsten Schluck das Glas mit dem Handballen leicht erwärmt, um dadurch noch mehr Duftstoffe freizusetzen. Der übliche Anlaß, den Calvados auf diese Weise zu genießen, besteht entweder vor einem anspruchsvollen Essen oder nach dem Dessert, zur Begleitung eines Kaffees oder bei einer abendlichen Plauderei. Trotz seines Aufstiegs in den Spirituosenadel verleugnet der Calvados jedoch keineswegs seinen Ursprung. So darf man ihn nach wie vor in den Kaffee gießen, auch wenn dies bei hochwertigen Qualitäten sündhaft erscheint. Zum »Café-Calva« genügt ein junger Calvados. Dies gilt

auch, wenn man bei unangenehmer Kälte durchgefroren nach Hause kommt und sich aufwärmen will. Hierbei darf man ihn sogar wieder kippen.

Die Sitte mit dem »Normannischen Loch« ist noch kaum über die Grenzen der Normandie hinausgedrungen. Es hängt von der Art der Geselligkeit und der kulinarischen Qualität ab, welche Calvadossorte dabei gereicht wird. Wählt man einen jungen Calvados, so serviert man ihn unter Umständen eisgekühlt wie einen Aquavit.

In einer Variation des »Normannischen Lochs« sind eine Reihe von Nobelrestaurants dazu übergegangen, den Calvados zwischen den Gängen auch als Sorbet anzubieten. Mit etwas Minzblättern garniert, deren Geschmack sich angenehm mit dem Apfelaroma verbindet, stellt dies einen ganz besonderen Genuß dar. Phantasievolle Feinschmecker beginnen hierbei bereits davon zu träumen, welche Gerichte sich dazu eignen, mit Calvados abgeschmeckt zu werden.

Doch zunächst bleiben wir bei den Getränken. Neben der Art, Calvados pur anzubieten, eröffnet sich ein Reigen interessanter Mixgetränke. Jeder hat die Möglichkeit, die nachfolgenden Rezepte noch nach seinem persönlichen Geschmack abzuwandeln. Sie zeigen jedoch eine Grundrichtung, wie Calvados bei Partys oder an der Bar in abgewandelter Form serviert werden kann.

Während Calvados heute in jeder Bar und in jedem Feinkost- oder Fachgeschäft erhältlich ist, hat der bereits erwähnte Pommeau bisher nur wenig Verbreitung außerhalb Frankreichs gefunden und ist auch im Handel noch weitgehend unbekannt. Der Grund liegt in der Tatsache, daß es sich hierbei um ein anspruchsloses Volksgetränk handelt, das sich normannische Apfelbauern herstellten, wenn ihnen der hochprozentige Calvados zu stark war. Calvados muß übrigens immer mindestens 40 Vol.% Alkohol enthalten, da er sonst nicht mehr unter diesem Namen angeboten werden darf. Aus steuerlichen Gründen sind daher die meisten Calvadosmarken in Deutschland auf 40 Vol.% herabgesetzt, während sie in der Normandie häufig mit 43 Vol.% oder sogar einem höheren Alkoholgehalt angeboten werden.

Die konfektionelle Vermarktung von Pommeau existiert erst seit wenigen Jahren. Eine verbindliche offizielle Regelung über die Beschaffenheit und den Alkoholgehalt gibt es dabei nicht. Es haben sich jedoch die maßgeblichen Produzenten auf ein Rezeptschema geeinigt, das von allen Erzeugern als Richtlinie anerkannt wird. Danach soll sich ein Pommeau im Alkoholgehalt zwischen 16 und 18 Vol.% bewegen und aus etwa einem Drittel Calvados und zwei Dritteln Apfel-/Birnenmost zusammensetzen. Der für diese Mischung verwandte Calvados liegt dabei natürlich über der 40-Vol.%-Grenze.

Französischer Cidre, der in vielen normannischen Mixgetränken verwendet wird, erhebt keinen Anspruch auf ein bestimmtes Ursprungsgebiet. Er wird in verschiedenen Teilen Frankreichs produziert, vorwiegend allerdings in der Normandie und der Bretagne. Es gibt auch deutsche Firmen, die ein sehr ähnliches Produkt herstellen, das sich dann in den nachfolgenden Rezepten verwenden läßt. Man sollte jedoch nicht Cidre generell einem deutschen Apfelwein gleichstellen. Im übrigen macht die Vermarktung der französischen Produkte in der Bundesrepublik gute Fortschritte, so daß man den Original-Cidre auf alle Fälle in größeren Städten erhalten kann.

Deauville

3 cl Calvados
1 cl französischer Wermut
1 Barlöffel Crème de Cassis
1 Barlöffel Cointreau
1 Barlöffel Limetten- oder Zitronensaft
Die Zutaten in einem Shaker mit Eis kurz und kräftig
schütteln und in eine Cocktailschale seihen.

Honfleur

3 cl Calvados
1 cl Drambuie Whisky-Liqueur
1 cl Zitronensaft
1 Barlöffel Orangensaft
Die Zutaten in einem Shaker mit Eis schütteln und in eine
Cocktailschale seihen. Mit einer Cocktailkirsche garnieren.

Normandie-Sunrise

4 cl Calvados
2 cl Drambuie Whisky-Liqueur
1 Barlöffel Grenadine-Sirup
Tonic Water
Zwei Eiswürfel in ein Longdrinkglas geben, die Spirituosen und den Grenadine-Sirup darübergießen, mit Tonic
Water auffüllen und mit einer halben Orangenscheibe
am Glasrand und einem Trinkhalm servieren.

Pierrot

½ Limette
4 cl Calvados
2 cl Peach-Liqueur
8 cl Orangensaft
Muskatnuß

Saft und Schalenspirale der Limette in ein Longdrinkglas mit feingestoßenem Eis geben. Die Spirituosen mit dem Orangensaft im Shaker mit Eis gut durchschütteln und aufgießen. Mit einer halben Orange am Glasrand servieren und mit etwas Muskat überstäuben.

Tropic

4 cl Calvados
1 cl Maracuja-Liqueur
1 dash Zitronensaft
6–8 cl Champagner oder trockener Sekt

Zwei Eiswürfel in ein Longdrinkglas geben, Spirituosen und Zitronensaft zugießen, gut umrühren und mit Champagner auffüllen. Mit Trinkhalm und etwas frischer Minze am Glasrand servieren.

Calvados Lover

4 cl Calvados
1 Barlöffel Crème de Banana
1 Barlöffel Curaçao Triple Sec
1 dash Zitronensaft
2 cl Orangensaft
2 cl Ananassaft

Zwei Eiswürfel in ein Longdrinkglas geben, Spirituosen und Säfte im Shaker gut durchschütteln und in das Glas seihen. Einen Spieß mit einigen Stückchen Ananas und Kirschen über den Glasrand legen, mit frischer Minze dekorieren und mit einem Trinkhalm servieren.

Die nachfolgenden vier Rezepte wurden von Timo Turunen, dem Barchef des Hotels Elysee in Hamburg kreiert:

Lune de Miel

2,5 cl Calvados
1,5 cl Bénédictine D. O. M.
1 dash Maracuja-Liqueur
Orangensaft
Die Spirituosen im Shaker mit
Eis gut durchschütteln, in ein
Longdrinkglas mit zwei Eis-
würfeln abseihen und mit
Orangensaft auffüllen. Mit
einem Trinkhalm servieren.

Quebec Apple

3 cl Calvados
1 cl Canadian Club Whisky
1 cl Zitronensaft
1 Barlöffel Zuckersirup
Die Zutaten in einem Shaker mit Eis gut schütteln und in eine Cocktailschale seihen. Mit einem Scheibchen Apfel am Glasrand servieren.

Calvados du Chef

4 cl Calvados
3 dash Angostura bitter
6–8 cl Champagner oder trockener Sekt
Zwei Eiswürfel in ein Longdrinkglas geben, Calvados und Angostura zugeben und mit Champagner auffüllen. Mit einem Trinkhalm servieren.

Calvados Cooler

4 cl Calvados
2 cl Zitronensaft
3 cl Orangensaft
Soda
Calvados und Säfte in ein Longdrinkglas mit zwei Eiswürfeln gießen, mit Soda auffüllen, umrühren und mit Trinkhalm servieren.

Wenn man bei dem nachfolgenden Serviervorschlag auch eine Anleihe beim Cognac gemacht hat, so dürfte doch der Calvados für dieses Rezept mindestens genausogut geeignet sein.

Calvados sour

2 cl Zitronensaft
4 cl Calvados
1 Barlöffel Zuckersirup
3 dash Grenadine
Alle Zutaten in einem Shaker mit Eis kräftig durchschütteln und im Cocktailglas servieren.

Rose Jack

2 cl Zitronensaft
4 cl Calvados
3 Barlöffel Grenadine-Sirup
Die Zutaten in einem Shaker mit etwas Eis gut durchschütteln und in einem Cocktailglas servieren.

3 3 3

3 cl Calvados V. S. O. P.
3 cl Cointreau
3 cl Grapefruitsaft
Die Zutaten in einem Shaker mit etwas Eis gut durchschütteln und in einer Cocktailschale servieren.

Normandie golden dawn

3 cl Calvados
3 cl Gin
3 cl Orangensaft
3 cl Aprikosennektar
1 Barlöffel Grenadine-Sirup
Die Zutaten im Shaker mit etwas Eis kräftig durchschütteln und in eine Sektschale seihen. Mit einer halben
Orangenscheibe am Glasrand servieren.

Porto-Flip »Normandie«

5 cl Portwein
5 cl Calvados
1 Eigelb
1 Barlöffel Zucker
1 Prise Macisblüte
Alle Zutaten in einem Shaker mit etwas Eis kräftig durchschütteln und in einer großen Sektschale servieren.

Mabel Anne

(von Albert Mesnil, Hôtel de Dieppe, Rouen)

2 cl Bénédictine D. O. M.
2 cl Calvados
1 cl Crème de Cassis
5 cl Champagner
Die Spirituosen im Shaker mit etwas Eis schütteln, in
einen Tumbler seihen und mit Champagner aufspritzen.
Eine Scheibe Apfel und eine Traube Johannisbeeren an
den Glasrand stecken und mit Trinkhalm servieren.

Calva Chéri

3 cl Calvados
2 cl Cherry Peter Heering
Apfelmost
Calvados und Kirschliqueur im Shaker schütteln, in
einen Tumbler mit einigen Eisstücken seihen und mit
Apfelmost aufgießen. Mit einer Cocktailkirsche am Glasrand servieren.

Apple

6 cl Calvados
2 cl Zitronensaft
2 cl Himbeersirup

Die Zutaten im Shaker mit Eis gut durchschütteln und in einen Tumbler mit einigen Eisstücken seihen. Eine Apfelscheibe und einige Himbeeren am Spieß über den Glasrand legen und mit Trinkhalm servieren.

Celtic

5 cl Calvados
2 cl Pippermint Get 31
3 cl Bénédictine D. O. M.
Die Zutaten im Shaker mit etwas Eis durchschütteln, in einen Tumbler mit mehreren Eisstücken seihen und mit einem Minzblatt garnieren. Mit Trinkhalm servieren.

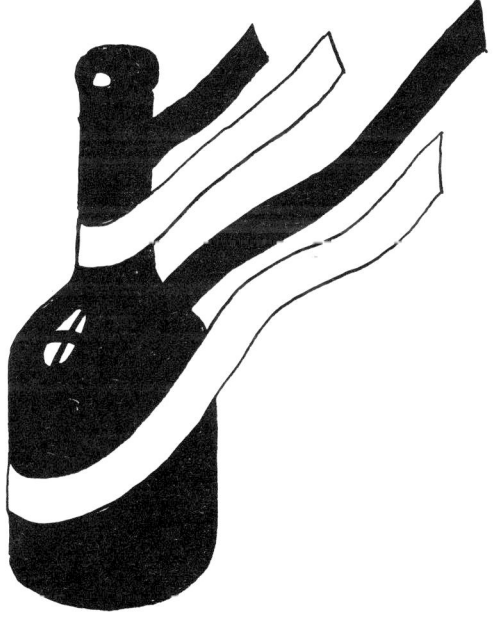

Petit Valois

6 cl Calvados
3 cl Cointreau
1 cl Orangensaft
Im Shaker mit Eis gut durchschütteln und in einen
Tumbler mit einigen Eisstücken seihen. Eine Orangenscheibe an den Glasrand stecken.

Pommeau Royal

(von Jean-Paul Thomine, Casino de Deauville)

5 cl Pommeau
4 cl Cointreau
1 cl Zitronensaft
Champagner
Alle Zutaten mit Eis im Shaker schütteln und in ein
großes Champagnerglas seihen. Mit Champagner auffüllen und eine Apfelspalte an den Glasrand stecken.

Le Petit Normand

(Francette Moinet, »Le Welcome«, Étretat)

1 cl Calvados
4 cl Pommeau
5 cl Champagner
Die Zutaten nacheinander in einen Tumbler mit etwas
Eis geben und mit dem Trinkhalm umrühren.

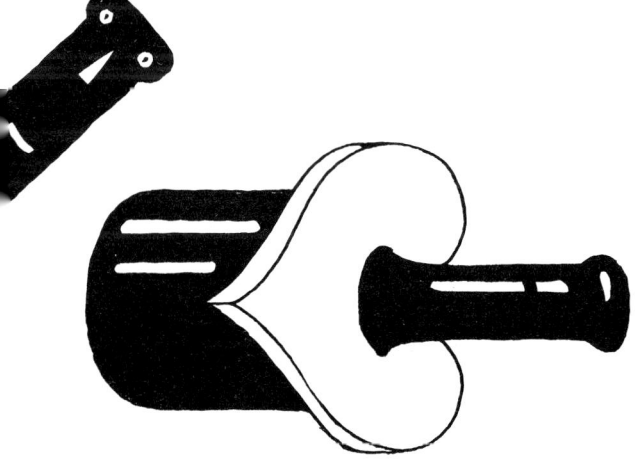

Parfum Normand

(Philippe, Bar de la Mère Poulard, Mont-Saint-Michel)

2 cl Calvados
1 Spritzer Crème de Cassis
trockener Cidre
Calvados und Cassis in einen Tumbler mit etwas Eis
geben und mit Cidre aufgießen.

Le Normandy

(Jacques Guéret, Hôtel de Dieppe, Rouen)

2 cl Calvados
2 cl Bénédictine D. O. M.
2 cl Pommeau
4 cl Champagner
Calvados mit Bénédictine und Pommeau im Shaker mit
Eis schütteln und in einen Tumbler mit zwei Eiswürfeln
seihen. Mit dem Champagner aufspritzen. Eine Apfelspalte mit Angostura bespritzen und auf einem Sticker im
Glas servieren.

CALVADOS-ZAUBERMITTEL

Die Apfel- und Birnenbäume, denen wir den Calvados verdanken, sind nur ein Teil des Reichtums der Normandie. Das angrenzende Meer bietet Fische, Krusten- und Schaltiere, und die sich in den Kanal ergießenden Flüsse sind reich an wohlschmeckenden Süßwasserfischen. Doch unter dem Einfluß der feuchten Seeluft gedeihen auch die Wiesen, auf denen braune, braun-weiße oder auch schwarz-weiße Rinder ein herzhaft-kräftiges Futter finden. So ist die Normandie auch eine Quelle hochwertiger Milch, einer wohlschmeckenden Sahne und eines Käses, der für alle Welt zu einem Vorbild wurde. Hier in dem Dorf Camembert an der Orne gelang es während der Französischen Revolution Marie Harel, auf dem Bauernhof von Beaumoncel den unnachahmlichen Weichkäse zu kreieren. In dieser üppigen Landschaft liegt auch die Heimat des Pont-l'Evêque und des Livarot. Und dort, wo die schönsten Äpfel für den Calvados wachsen, wird der »Pavé d'Auge« in gleichmäßigen 600-Gramm-Blöcken geformt.

Ihre Vorgänger dürften schon auf der Tafel des berühmten Normannenherzogs Wilhelm gestanden haben, der vor mehr als 900 Jahren als »der Eroberer« in die englische

Geschichte einging. Normannischer Käse und
Apfelcidre werden wohl auch kaum auf der Hoch-
zeitstafel von Wilhelms Enkelin Mathilde gefehlt
haben, die hier 1128 Gottfried von Anjou heiratete, womit das Haus Plantagenet die späteren fran-
zösisch/englischen Besitzansprüche begründete.
Gottfrieds Sohn Heinrich aus zweiter Ehe heiratete
später Eleonore, die Erbin von Aquitanien. Infolge
der vielseitigen Erbschaftsauseinandersetzungen
bleibt die Normandie nicht nur das Land, in dem

stets Milch und Honig flossen, sondern auch viel Blut. Zur Verteidigung der Normandie baute Richard Löwenherz eine starke Festung, die sich jedoch später dem französischen König ergeben mußte. So manche Schlachten des Hundertjährigen Krieges wurden in dieser friedvollen Landschaft geschlagen. Viele Geschichten berichten von der berühmten Jeanne d'Arc, die 1431 im nahegelegenen Rouen auf dem Scheiterhaufen endete. Doch ob Franzosen oder Engländer, Könige, Herzöge oder ihr Kriegsvolk, sie alle lebten von den kulinarischen Reichtümern der Normandie, die sich unvergänglicher erwiesen als der Glanz der Kronen und Waffen. Selbst die gigantische Armada, die den »uneinnehmbaren« deutschen Atlantikwall aufbrach, konnte der Schönheit und Fruchtbarkeit dieser Landschaft keinen dauerhaften Schaden zufügen.

PIKANTE VORSPEISEN MIT CALVADOS

Apfel-Käse-Salat

2 große Äpfel
150 g französischer Hartkäse (Beaufort oder Comté)
2 cl Calvados
100 g Walnußkerne
Pfeffer aus der Mühle

Geschälte, entkernte Äpfel und Käse in kleine Rechtecke schneiden und gut vermischt in eine Schale geben. Mit dem Calvados übergießen und bei mehrfachem Wenden etwa zwei Stunden marinieren. Die grob gehackten Walnußkerne zustreuen, mit Pfeffer würzen und servieren.

Pilzpastete

200 g Champignons
3 Schalotten
30 g Butter
Salz, Pfeffer
Calvados zum Flambieren
100 g Crème double
100 g roher, möglichst luftgetrockneter Schinken
4 Blätterteigpasteten

Die Champignons und Schalotten sehr fein hacken, in Butter anschwitzen, salzen und pfeffern.
Etwa 4 cl Calvados in einer Suppenkelle erhitzen, anzünden und brennend über die Champignons gießen. Umrühren, bis die Flammen erloschen sind. Crème double zugeben und etwas einkochen. Den Schinken fein würfeln, unterheben und alles in die inzwischen erwärmten Pasteten füllen.

Leberpastete

500 g Schweinekamm
je 125 g Schweine- und Rinderleber
5 cl trockener Weißwein
4 cl Calvados
½ Teelöffel Salz, Pfeffer
100 g roher Speck, in Scheiben geschnitten
2 Lorbeerblätter
Wacholderbeeren

Schweinefleisch und Leber durch den Wolf drehen, mit
Weißwein und Calvados verrühren und gut würzen. Eine
Pastetenform mit Speck auslegen, die Fleischmasse einfüllen, mit 2 Lorbeerblättern und einigen Wacholderbeeren garnieren und mit dem restlichen Speck bedecken. In
ein Wasserbad stellen und im Backofen bei etwa 150°C
1½ Stunden garen.

Scallops mit Äpfeln und Calvados

12 Scallops
4 Reinette-Äpfel
40 g Butter
Salz, Pfeffer
8 cl Calvados
150 g Crème double
1 Sträußchen Petersilie

Die Scallops abwaschen und dabei die roten Rogen-
stücke zur Seite legen. Die Äpfel schälen, vierteln und
anschließend in dünne Scheiben schneiden. Die Butter
in einer Kasserolle erhitzen. Die Apfelscheiben salzen,
pfeffern und drei Minuten in der Butter ziehen lassen.
Den Calvados zuschütten, umrühren und noch weitere
drei Minuten erhitzen. Die Apfelscheiben bis auf sechs
herausnehmen und die restlichen unter ständigem Rühren glattstreichen. Das Muschelfleisch und die Rogen-
stücke in dieser Sauce wenige Minuten garziehen lassen,
herausnehmen und den weißen Muschelkörper in Scheiben schneiden. Crème double in die heiße Sauce geben,
etwas reduzieren und auf vier
Teller verteilen. Die Äpfel in
der Mitte anhäufen, rund-
herum die Scallopscheiben
anrichten, jeweils ein Stückchen Rogen aufsetzen und
mit Petersilie garnieren.

Normannische Zwiebelsuppe

250 g Zwiebeln
80 g Butter
30 g Mehl
½ Teelöffel weißer Pfeffer
1 Teelöffel Selleriesalz
1 Prise Cayennepfeffer
¾ l Rinderbrühe
8 Eßlöffel Calvados
4 dünne Scheiben Weißbrot
60 g frisch geriebener Käse

Die Zwiebeln in dünne Scheiben schneiden und in der ausgelassenen Butter goldgelb anbraten. Mehl überstäuben und die Gewürze zugeben. Unter gleichmäßigem Rühren anschwitzen und mit der Rinderbrühe ablöschen. Etwa 15 Minuten bei kleiner Temperatur köcheln, danach den Calvados zuschütten. In rustikale Suppenteller beziehungsweise Schüsselchen verteilen, jeweils eine auf beiden Seiten angeröstete Scheibe Weißbrot auflegen und reichlich mit Käse bestreuen. In den Ofen unter den Grill schieben und überbacken, bis der Käse geschmolzen ist und die Oberfläche eine hellbräunliche Farbe angenommen hat.

CALVADOS VERFEINERT FISCH UND MEERESFRÜCHTE

Normannisches Seezungenfilet

½ kg Muscheln
8 Seezungenfilets
2 Schalotten
50 g Butter
½ l trockener Weißwein
100 g Champignons
100 g Nordseekrabben
Salz
2 Eigelb
1 Becher süße Sahne

Die gewaschenen und abgebürsteten Muscheln in spru-
delndes Salzwasser schütten, nach etwa 2–3 Minuten
abgießen, Sud auffangen und das Muschelfleisch herausnehmen (geschlossene Muscheln wegwerfen).
Die Seezungenfilets waschen und mit Küchenpapier
abtupfen. Die Schalotten fein hacken und in einer großen Kasserolle in der ausgelassenen Butter andünsten.
Mit Wein ablöschen und einen Rest Muschelsud zugeben. Champignons klein schneiden und zusammen mit
den Krabben und den Seezungenfilets darin garziehen
lassen. Leicht salzen. Auf eine vorgewärmte Platte legen
und mit Muscheln, Champignons und Krabben garnieren. Den verbleibenden Sud mit Eigelb und Sahne bin-
den, mit Salz abschmecken, eventuell noch etwas einkochen lassen und über die warmgestellten Fischfilets gießen. Mit Butterreis servieren.

Matelote Normande

2 Flaschen trockener Cidre
2 große Zwiebeln
1 Bund Petersilie
2 Zweige Thymian
1 Lorbeerblatt
Salz, Pfeffer
1,2 kg gemischte Seefischfilets (mit festem Fleisch)
1 Becher Crème fraîche

Den Cidre in einer großen Kasserolle mit den grob zerschnittenen Zwiebeln, Petersilie, Thymian und Lorbeerblatt aufsetzen. Salz und Pfeffer zugeben und bei geöffnetem Topf die Flüssigkeit auf etwa ein Vietel reduzieren. Die Temperatur so vermindern, daß der Cidre nur noch leicht simmert. Die in Stücke geschnittenen Fischteile zugeben, 8 Minuten garziehen lassen, herausnehmen und warm stellen. Crème fraîche in die Kochflüssigkeit rühren, etwas einkochen lassen und mit Salz und Pfeffer abschmecken. Die Fischstücke wieder zugeben, noch einmal durchhitzen. Im Sud in einer Suppenschüssel anrichten. Dazu Weißbrot oder frische Kartoffeln.

Steinbuttfilet mit Calvados

4 Steinbuttschnitten (zusammen 800–1000 g)
20 g Butter
2 Schalotten
Salz, Pfeffer
¼ l fertige Pilzsauce
4 cl Calvados
½ l Cidre
100 g Crème double
Petersilie

Die gesäuberten Steinbuttstücke in eine ausgebutterte
Auflaufform legen. Schalotten fein hacken, überstreuen,
salzen und pfeffern. ¼ l Pilzsauce aus dem Beutel nach
Vorschrift zubereiten und den Calvados unterrühren.
Zusammen mit dem Cidre über die Fische gießen und im
Backofen bei 200 °C garen. Nach etwa 10 Minuten
Crème double überstreichen, etwas nachwürzen und bei
kleiner Temperatur
noch etwa 20 Minu-
ten im Ofen lassen.
Mit Petersilie garnie-
ren und mit Salzkar-
toffeln oder Reis
servieren.

Schollenfilets und Austern in Calvados-Sahne

4 große Schollen
1 Bund Suppengrün
je ¼ l Cidre und trockener Weißwein
½ Teelöffel Salz
3 Pfefferkörner
1 Eigelb
1 Becher Crème fraîche
2 cl Calvados
8 Austern oder wahlweise 200 g Krabbenfleisch
1 Sträußchen frische Estragonblätter

Die Schollen vom Fischhändler filetieren lassen, Gräten und Köpfe jedoch mitnehmen. Die gutgewaschenen Fischabfälle sowie das geputzte und kleingeschnittene Suppengrün in eine größere Kasserolle geben. Cidre und Weißwein übergießen, salzen und die zerdrückten Pfefferkörner einstreuen. 20 Minuten bei geöffnetem Topf köcheln lassen. Die Flüssigkeit durch ein Sieb abgießen und bis zum Siedepunkt erhitzen. Verwendet man Austern, so sind diese jetzt zu öffnen und das Austernwasser durch ein Sieb in den Sud zu schütten. Sobald die Flüssigkeit aufkocht, auf kleine Temperatur schalten, die Schollenfilets zugeben und 4 Minuten pochieren. Herausnehmen und warm stellen.

Den Sud leicht einkochen, mit Eigelb und Crème fraîche andicken und mit Calvados abschmecken.

Die Schollenfilets auf vorgewärmten Tellern anrichten, mit den Austern oder dem Krabbenfleisch belegen und die heiße Calvadossauce aufgießen. Mit Estragonblättern garnieren.

GEFLÜGEL- UND FLEISCHGERICHTE

Gefüllte Flugente

1 Flugente von ca. 1,8 kg (mit der Leber)
150 g Rosinen
4 cl Calvados
3 Äpfel
20 g Butter
Salz, Pfeffer
½ Teelöffel getrockneter Thymian
1 Zwiebel
1 Möhre
¼ l Cidre
4 Eßlöffel Crème fraîche

Die Ente waschen und trockenreiben. Die Leber putzen
und grob in Streifen schneiden. Die Rosinen in Calvados
einige Zeit marinieren. Die Äpfel schälen, entkernen,
vierteln und in Scheiben schneiden. Zu den Calvados-
rosinen geben und gut vermischen. Die Butter in einer
Kasserolle erhitzen. Die Leberstückchen zugeben und
mit dem abgegossenen Calvados von den Rosinen ablöschen. Salzen, pfeffern, mit den Apfelstückchen sowie
Rosinen vermischen und mit Thymian würzen.
Die Ente innen und außen mit Pfeffer einreiben und mit
den Leber-Apfel-Stückchen füllen. Die Öffnung zustecken
und den Vogel mit der Brust nach unten in den Bräter
legen. Zwiebel und Möhren seitlich davon plazieren und
im vorgeheizten Ofen bei 250 °C 15 Minuten anbraten.
Danach die Ente wenden und mit der Hälfte des Cidre
übergießen. Die Temperatur auf 180 °C reduzieren und
die Ente noch etwa eine Stunde braten. Zwischendurch
den restlichen Cidre portionsweise übergießen.
Die Ente aus dem Sud nehmen, auf den Rost mit darun-
terliegender Fettpfanne legen und noch 15 Minuten kroß
braten. Die gesamte Flüssigkeit abfangen, leicht entfet-
ten, mit Crème fraîche zu einer Sauce verrühren und mit

Salz und Pfeffer
abschmecken.
Mit Kartoffelkroketten
oder Pommes frites
sowie jungen
glasierten Zwiebeln
servieren.

Hähnchen Vallée d'Auge

1 Mastpoularde
100 g Butter
2 Schalotten
2 cl Calvados
¼ l trockener Cidre
500 g frische Champignons
Salz, Pfeffer
2 Becher Crème fraîche
1 Eßlöffel gehackte Petersilie

Die Poularde in acht Teile zerlegen und in 50 g Butter in
einem Bräter anbräunen. Dabei die feingehackten Schalotten zugeben und glasig werden lassen. Den Bräter zur
Seite nehmen und die Poulardenteile mit dem erwärmten
Calvados übergießen und flambieren. Mit Cidre ablöschen und zugedeckt bei schwacher Temperatur etwa
30 Minuten garen. Die zerschnittenen Champignons in
der restlichen Butter dünsten, salzen und pfeffern.
Die Poulardenteile herausnehmen und warm stellen.
Crème fraîche in die Bratensauce rühren, die Champignons zugeben und etwas einkochen lassen. Mit Salz
und Pfeffer abschmecken, über die Geflügelteile gießen
und mit gehackter Petersilie bestreuen.

Fasan mit Camembertsauce

2 bratfertige Fasane
Salz, Pfeffer
6 Äpfel
6 Wacholderbeeren
100 g Rosinen
6 cl Calvados
75 g Butterschmalz
4 Scheiben dünner frischer Speck
¼ l Fleischbrühe oder Wasser
150 g Camembert
2 Eßlöffel Crème fraîche

Die trockengetupften Fasane innen und außen mit Salz
und Pfeffer einreiben. Die Äpfel schälen, vierteln und in
kleine Scheiben schneiden. Mit Wacholderbeeren und
den in Calvados eingeweichten Rosinen vermischen.
Die Füllung leicht salzen und pfeffern, halbieren und
damit je einen Fasan füllen. Die Öffnung verschließen.
Das Butterschmalz in einem Bräter auslassen, die Fasane
rundherum darin anbraten, anschließend nebeneinan-
derlegen und mit Speckscheiben bedecken. In die vor-
geheizte Röhre bei etwa 220°C schieben und nach
10 Minuten Fleischbrühe zugießen. Mit Folie abdecken
und bei auf 150°C reduzierter Temperatur noch eine
Stunde braten. Ab und zu etwas Brühe oder Wasser
nachfüllen. Den Bratenfond durch ein feines Sieb schütten, erhitzen, und den Camembert darin lösen. Crème
fraîche unterrühren. Mit Salz und Pfeffer abschmecken.
Mit Kartoffelpüree, gekochten und glasierten Maronen,
angeschmorten Weintrauben und Champagnerkraut servieren.

Schweinefilet in Calvadossauce

ca. 600 g Schweinefilet
Salz, Pfeffer
50 g gehärtetes Pflanzenfett
¼ l Fleischbrühe
8 mittelgroße Zwiebeln
¼ l Apfelcidre
gekörnte Brühe
1 Becher Crème fraîche
1 Bund Schnittlauch
4 cl Calvados

Die Schweinefilets rundherum salzen, pfeffern und im
heißen Fett in einem Bräter anbraten. Mit Fleischbrühe
ablöschen, die geschälten Zwiebeln zulegen und zugedeckt ca. 20 Minuten garen. Das Fleisch herausnehmen
und warm stellen. Den Bratensaft mit Apfelcidre verrühren, eventuell mit wenig gekörnter Brühe etwas verstär-
ken und Crème fraîche unterheben. Den gehackten
Schnittlauch zugeben und mit Calvados abschmecken.
Mit den geschmorten Zwiebeln, Kartoffelpüree oder
Langkornreis servieren.

Kaninchen in Basilikumsahne

1 Kaninchen
Salz, Pfeffer
125 g Butterschmalz
1 Lorbeerblatt
3 Zwiebeln
¼ l Cidre
1 Becher Crème fraîche
1 Eßlöffel feingehackte Basilikumblätter
4 cl Calvados

Das bratfertige Kaninchen trockentupfen und in acht Stücke teilen. Jeweils mit Salz und Pfeffer einreiben. Das Butterschmalz in einem Bräter auslassen, das Lorbeerblatt und die gehackten Zwiebeln zugeben und die Kaninchenteile unter mehrfachem Wenden kräftig anbraten. Mit Cidre ablöschen und zugedeckt etwa 1 Stunde schmoren. Zwischendurch wenden und eventuell etwas Cidre nachgießen. Anschließend das Fleisch herausnehmen, warm stellen und die Bratflüssigkeit mit Crème fraîche verrühren. Die feingehackten Basilikumblätter zugeben, den Calvados unterrühren und noch einmal abschmecken. Mit Broccoli oder frischen grünen Saubohnen sowie Kartoffelkroketten oder Salzkartoffeln servieren.

DESSERTS

Apfelcrêpes Normande

150 g Mehl
4 Eier
Salz
1 ½ Eßlöffel Zucker
⅛ l Milch
5 Eßlöffel süße Sahne
1 Eßlöffel Calvados
100 g Butter
100 g feiner Zucker
1 Teelöffel geriebene Zitronenschale
2 cl Drambuie
80 g Butterschmalz
2 Äpfel

Aus Mehl, Eiern, Salz, Zucker, Milch, Sahne und Calvados einen Teig anrühren und zur Seite stellen. Für die Füllung Butter mit dem feinen Zucker verrühren, die Zitronenschale einarbeiten und den Drambuie langsam zuträufeln.

Nach etwa einer Stunde den Teig noch einmal kräftig durchschlagen. Die Äpfel schälen, das Kerngehäuse ausstechen, in dünne Scheiben schneiden und in den Teig geben. Etwas Butterschmalz in einer Pfanne auslassen. Nacheinander aus dem Teig mehrere größere oder kleinere Apfelcrêpes ausbacken. Jeweils von der Pfanne auf einen Teller rutschen lassen, mit der Füllung bestreichen, die Hälfte überschlagen und mit Zucker bestreut oder mit dicker gesüßter Sahne servieren.

Calvadoscrème

2 kleine Äpfel
15 cl Calvados
3/8 l Apfelsüßmost
6 Blatt weiße Gelatine
2 Eßlöffel echtes Vanillearoma
1 Eßlöffel Vanillezucker
1/4 l geschlagene Sahne
2 Eßlöffel geröstete Mandelsplitter

Die Äpfel schälen, vierteln und in kleine Würfel schneiden. Mit etwa 2–3 cl Calvados andünsten. Den Apfelmost etwas erwärmen und die in kaltem Wasser aufge-
weichten und ausgedrückten Gelatineblätter darin lösen.
Den restlichen Calvados zugießen, Vanillearoma und
Vanillezucker zugeben und in eine Rührschüssel schütten. Sobald die Masse zu gelieren beginnt, die Apfelwür-
fel und die geschlagene Sahne unterheben. Auf Kelch-
gläser verteilen und mit gerösteten Mandelsplittern garnieren.

Äpfel im Schlafrock

200 g tiefgekühlter Blätterteig
4 Reinetten
60 g Butter
40 g Zucker
4 cl Calvados
1 Ei
4 Eßlöffel Crème fraîche

Den Blätterteig auftauen, etwa 4 mm dick ausrollen und
in vier Quadrate schneiden. Die Äpfel schälen und das
Kerngehäuse ausstechen. Butter mit Zucker und Calvados gut durchschlagen und hiermit die Höhlungen der
Äpfel füllen. Auf die Teigquadrate setzen, die Teigecken
nach oben falten und fest zusammendrücken. Mit
geschlagenem Ei bestreichen und in einer feuerfesten
Form im Backofen bei 200 °C etwa 15 bis 20 Minuten

backen. Anschließend mit Crème fraîche bestreichen und warm oder kalt servieren.

Flambierter Eierauflauf

200 g feiner Kristallzucker
Salz
4 Eigelb
5 cl süße Sahne
6 Eiweiß
30 g Butter
30 g Puderzucker
10 cl Calvados

Den Zucker mit einer Prise Salz mischen und mit den Eigelb in einer Rührschüssel durcharbeiten, bis die Masse strohgelb wird. Die Sahne unterziehen. Das Eiweiß sehr steif schlagen und vorsichtig mit der übrigen Masse vermischen. Eine feuerfeste Schüssel mit der Butter einreiben, etwas Puderzucker aufstreuen und die Eimasse einfüllen. Die Oberseite mit einem Messer glätten und einige Einkerbungen wie bei einem Brot vornehmen. In der Backröhre bei schwacher Temperatur backken, bis sich der Teig gehoben und leicht gebräunt hat. Mit restlichem Puderzucker überstreuen und bei Tisch mit angewärmtem Calvados flambieren.

REGISTER

Die *kursiv* gesetzten Begriffe sind Rezepte